Die 50er Jahre

Die 50er Jahre

Ein Karlsruher Jahrzehnt in Bildern

Horst Schlesiger
Josef Werner

G. Braun

G. BRAUN BUCHVERLAG

Gesamtherstellung: G. Braun Druckerei GmbH & Co. KG,
Karlsruhe
Gestaltung: Robert Dreikluft

Die Deutsche Bibliothek – CIP-Einheitsaufnahme

Die **50er Jahre** : ein Karlsruher Jahrzehnt in Bildern /
Horst Schlesiger; Josef Werner. – Karlsruhe: Braun, 1993
ISBN 3-7650-8125-6
NE: Schlesiger, Horst; Werner, Josef; Die fünfziger Jahre

Von und für Horst Schlesiger

Horst Schlesiger, den Karlsruher Pressephotographen, nannte man den „Chronisten mit der Kamera". Tagtäglich im Bild zu berichten, was sich in Karlsruhe ereignete, war sein Job und seine Freude in über 40 Jahren journalistischer Tätigkeit. Kein anderer in dieser Stadt und kaum einer seiner Kollegen an anderen Tageszeitungen hatte das Glück und die Chance, Stadtgeschehen in einer bedeutenden Zeitspanne so lange und kontinuierlich einzufangen. Die Plattform für diese Lebensleistung bereiteten ihm die „Badischen Neuesten Nachrichten". Für sie und ihre Leser war er unterwegs, wo und wann immer es galt, Augenblicke festzuhalten: stadtgeschichtlich wichtige Alltagsereignisse oder aber Szenen, aus deren Wiedergabe ganz einfach Schlesigers Liebe zu dieser Stadt sprach, zu ihren offenen und verborgenen Schönheiten, zu ihren Menschen auch.

Mit dem vorliegenden Bildband wird der Versuch unternommen, einen Einblick zu vermitteln in das überaus vielseitige, schon heute als einzigartig und stadtgeschichtlich wertvoll erkannte Schaffen von Horst Schlesiger. Die Auswahl der Bilder beschränkte sich in diesem Band mit Absicht auf die ereignisreichen fünfziger Jahre: Sie waren spannend und kontrastreich wie kein anderes Nachkriegsjahrzehnt. Der thematische Bogen spannt sich von der legendären Schutträumung bis zur kühnen „Sprungschanze" Schwarzwaldhalle, von dem ärmlichen Leben der ersten Vertriebenen bis zum ergreifenden Wiedersehen mit den letzten Heimkehrern aus russischer Kriegsgefangenschaft, von der verschwiegen-nächtlichen Liebesszene bis zum Panorama des Menschenmassen ansaugenden Wildparkstadions.

Diese Veröffentlichung soll und kann kein umfassender Bildbericht der Karlsruher Ereignisse in den fünfziger Jahren sein. Wohl aber haben Horst Schlesigers Photographien die Fähigkeit und Kraft, Bild gewordener Brennspiegel zu sein von Herz und Geist, Wollen und Können, Last und Lust einer Generation, die die große Herausforderung der Nachkriegszeit zu bewältigen hatte.

Horst Schlesiger hat zwar die Anfänge dieser Publikation, nicht aber deren Ende erlebt. Er starb am 5. März 1993. Alle Beteiligten – das BNN-Archiv, der G. Braun Buchverlag, der Verfasser der Texte und vor allem Lilo Schlesiger – vertrauen darauf, daß Horst Schlesiger zufrieden wäre mit dem, was an sein Werk erinnern soll.

Josef Werner

Aus Trümmern zum Neubeginn

Über den fünfziger Jahren in Karlsruhe lagen noch immer breit und dunkel die lastenden Schatten des Zweiten Weltkriegs. Zu Beginn dieses Jahrzehnts waren ja erst fünf Jahre verstrichen, seit es aus Bombengeschwadern Stahl und Feuer vom Himmel geregnet hatte und große Teile der Stadt verwüstet worden waren. Es gab in der Karlsruher Geschichte kein Ereignis von auch nur entfernt vergleichbarer Wirkung und Tragweite wie dieser Krieg, kein die Menschen in solche Unsicherheit führendes Ereignis wie der Zusammenbruch der einst als unbesiegbar geltenden deutschen Armee samt der NS-Diktatur, gefolgt von bedingungsloser Kapitulation.

Folgerichtig waren die ersten Jahre nach Kriegsende gekennzeichnet von grenzenloser Enttäuschung einer unkritisch-gläubigen, bis zur Selbstaufopferung getriebenen Generation, die ihren Halt verloren hatte und materiell weitgehend vor dem Nichts stand. Hinzu kam der Schmerz um die Kriegstoten – 7556 an der Zahl, 1754 Luftkriegsopfer eingeschlossen. Aber auch die Ungewißheit um das Schicksal von über 3500 vermißten Angehörigen und die Sorge um Tausende kriegsgefangener Karlsruher Soldaten belastete zahllose Familien.

Nicht minder bedrückend waren für einen großen Teil der Mitbürger die Folgen der Bombenangriffe, die zur völligen Vernichtung von über 12000 Wohnungen und zur Teilzerstörung von weiteren 33000 Wohnungen geführt hatten. Zum Alltag gehörte der Mangel an allem, insbesondere an Lebensmitteln und Heizmaterial, nicht zu vergessen die deprimierende Einschnürung des Bewegungsraums als Folge der – nur wenige Kilometer südlich (bei Frauenalb, Malsch und Durmersheim) gezogenen – Grenze zwischen der amerikanischen und französischen Besatzungszone.

Für die nicht nur in den Sorgen des Tages gefangenen Menschen ungleich niederdrückender, Entsetzen und Fassungslosigkeit auslösend, war das allmähliche Bekanntwerden von Ausmaß und Brutalität der in den zwölf Jahren nationalsozialistischer Herrschaft in deutschem Namen begangenen Verbrechen, gegenüber den Juden vor allem. Nun erst, wenn auch zögernd, stellte sich mit der Erleichterung über das Ende des Kriegs auch die Erkenntnis ein, daß sich die alliierten Truppen gegenüber den Deutschen nicht zu Unrecht als „Befreier" fühlen konnten.

Die weitverbreitete Ratlosigkeit mündete allerdings unter dem Zwang, den Alltag bewältigen zu müssen, sehr schnell in individuelle, aber auch in so kaum erwartete öffentliche Aktivität ein. Eine von der Militärverwaltung eingesetzte provisorische Stadtführung organisierte über Bezirks„bürgermeistereien" eine dürftige, aber weitgehend korrekte Versorgung der Bewohner. Die in die Stadtteile vorgeschobenen Verwaltungsorgane hatten freilich auch bei der Beschlagnahme von Wohnungen und Inventar für die anfangs französischen, danach amerikanischen Besatzer mitzuwirken.

Das Provisorium eines von der US-Militärregierung ernannten 14köpfigen Stadtparlaments fand schon im Mai 1946, nach der ersten freien Kommunalwahl seit dem Jahr 1930 (!), sein Ende. Die überraschendste Erfahrung hierbei war die hohe Wahlbeteiligung von 80 Prozent (ein seitdem nie wieder erreichtes Ergebnis!). Dieses erste freigewählte Nachkriegsparlament seit Kriegsende bestätigte den Sozialdemokraten Hermann Veit, der im August 1946 von den Amerikanern zum Oberbürgermeister ernannt worden war, einmütig in seinem Amt.

Schon im Herbst 1946 legte das Rathaus in einer

Trümmerbeseitigung in der Kaiserstraße. Eine Feldbahn schafft den Schutt aus der Stadt.

Denkschrift die Grundsätze für die Neuplanung der Stadt fest. Die für das Stadtgesicht wichtigste, von „modernen" Architekten damals belächelte These lautete: Alle historischen Gebäude an der „via triumphalis" – vom Schloß bis zum Ettlinger Tor – sind wiederaufzubauen. Dies geschah dann allerdings nicht in letzter Konsequenz, so daß sich beispielsweise das Bemühen um das Markgräfliche Palais auf das Alibi des wiedererrichteten Portikus reduzierte. Doch insgesamt erstand Weinbrenners imponierender städtebaulicher Wurf sich steigernder Platzbildungen einschließlich der die Räume säumenden Bauten wieder, Karlsruhes Ruf eines Vorzeigebeispiels klassizistischen Bauens war gerettet.

Planerischer und bauender Alltagsehrgeiz jener Jahre war freilich weit niedriger angesiedelt. Er beschäftigte sich ebenso mit dem Wiederingangkommen der Straßenbahn auf allen Linien oder der Wiedereröffnung des Stadtgartens, beides geschehen im Lauf des Jahres 1947, wie mit dem notdürftigen Wiederaufbau zerstörter Schulen als Voraussetzung eines halbwegs befriedigenden Unterrichts. Schließlich waren von ehedem 477 Klassenzimmern in Karlsruher Volks- und Sonderschulen nach Kriegsende nur noch 176 benutzbar. An den Real- und höheren Schulen sowie an den Hochschulen sah es nicht anders aus. Die Technische Hochschule gar, die älteste ihrer Gattung in Deutschland, sah sich der umfangreichen Zerstörungen und, finanzieller Gründe wegen, der Gefahr der Schließung ausgesetzt. Nur mit Mühe gelang es, Pläne zur Verschmelzung der „Fridericiana" mit der Universität Heidelberg oder Freiburg beziehungsweise eine Verlegung nach der Ettlinger Rheinland-Kaserne abzuwehren.

Schneller als alle Lehr- und Bildungseinrichtungen wieder in Gang kamen küßten die Musen: Schon im Herbst 1945, mit „Jedermann" als passender Nachkriegspremiere, hatte das Badische Staatstheater im Konzerthaus am Festplatz den Spielbetrieb wiederaufgenommen. Dieses nach Teilzerstörung behelfsmäßig hergerichtete Gebäude, dem Theater nach dem Untergang des im Feuer unzähliger Brandbomben verglühten prachtvollen Hauses von Heinrich Hübsch am Schloßplatz als Spielstätte überlassen, sollte seine Funktion einer Ersatzbühne auf Zeit nicht weniger als 30 Jahre lang behalten. Provisorien haben bekanntlich ein langes Leben.

Das belebendste Geschehen noch vor den fünfziger Jahren, die Währungsreform vom 20. Juni 1948, hatte nach dem ersten Schock auch in Karlsruhe ihre die ökonomischen Vorgänge normalisierende, zugleich mutmachende Wirkung. Nach und nach wurden aus den überwiegend provisorischen Läden an der Kaiserstraße, die zur ärgernden Überraschung der Kunden schon am Tag nach der radikalen Geldabwertung bisher nie gesehene Waren anzubieten hatten, solide Verkaufsstätten.

Schon vor dem Ende der Nachkriegsinflation mit ihrer berühmt-berüchtigten Zigarettenwährung (1 Zigarette = 3 – 5 Mark) hatten Signale aus dem wirtschaftlichen Bereich der durch die Zonengrenzen in den „toten Winkel" geratenen Stadt Hoffnung gemacht. Hierzu gehörte die Ansiedlung der aus Leipzig gekommenen Arzneimittelfabrik Willmar Schwabe oder des Stettiner Stahlbauunternehmens Gollnow & Sohn ebenso wie der Beginn einer zivilen Produktion bei der Deutschen Waffen- und Munitionsfabrik, jetzt Industrie-Werke Karlsruhe, oder die Gründung der Arbeitsgemeinschaft Gablonzer Glasbläserbetriebe. Vor allem aber Siemens & Halske mit Werken für Radiotechnik und Meßtechnik vermittelte viel Hoffnung auf das Gelingen des Bemühens, Karlsruhe aus dem Verruf, lediglich Beamtenstadt zu sein, herauszuführen. Die Stadtverwaltung selbst tat bei ihrem Kampf um Strukturveränderung – hin zu einem Wirtschafts- und Kongreßzentrum Karlsruhe – ein übriges: Sie hob den erstmals im September 1949 veranstalteten Therapiekongreß samt Heilmittelmesse aus der Taufe und sorgte für deren bleibende Präsenz in Karlsruhe.

Das ob seiner Effizienz allenthalben vielgerühmte Werk der Karlsruher Schutträumung hatte eine ungemein aufmunternde, weit in die fünfziger Jahre hineinwirkende Kraft. Die Bevölkerung nahm mit nicht geringerer Genugtuung die vielfältigen, zum Teil kühnen Wiederaufbau- und Neubauaktivitäten der neuen Stadtführung zur Kenntnis. Eindrucksvoll war auch das erfolgreiche Bemühen, der durch den Verlust des Hauptstadtrangs schwer getroffenen ehemaligen badischen Residenz mit der Ansiedlung hoher Bundesbehörden neues Gewicht zu geben.

Im übrigen gab es in den „Fünfzigern", auch dank nicht-behördlicher Initiativen, „Premieren" am laufenden Band. Am Karlstor wurde den Verkehrsteilnehmern im Dezember 1951 von der ersten Karlsruher Verkehrsampel Grün,

Gelb und Rot gezeigt. Es handelte sich um eine sogenannte Heuerampel, die im Uhrzeigerverfahren die verschiedenen Kommandos gab, ein System, das sich übrigens nicht bewährte und von den heute üblichen Signalanlagen abgelöst wurde. Dagegen fand ein anderer „Erstling", der erste Selbstbedienungsladen, Nachahmer zuhauf. Er war im Dezember 1952 in einer Pfannkuch-Filiale Ecke Kaiser- und Herrenstraße eingerichtet worden. Ein Jahr später, im September 1953, genossen die Karlsruher bei Hertie erstmals das Vergnügen, sich auf Rolltreppen befördern zu lassen, und im gleichen Jahr wurde am Entenfang das erste Karlsruher Hochhaus fertig. Die Bewunderung der von Oberbürgermeister Klotz am Nachmittag des 19. Dezember 1953 zu einer Besichtigung geladenen Karlsruher Journalisten für das 30 Meter hohe Bauwerk war so einhellig, daß die Gäste vom vorletzten Stockwerk aus, in dem danach der Karlsruher Polizeipräsident seine Wohnung nahm, die Sonne nicht nur untergehen, sondern am andern Morgen auch wieder aufgehen sahen . . .

Andere Karlsruher Erstmaligkeiten der fünfziger Jahre waren im Jahr 1954 die Anmeldung des ersten Fernsehgeräts bei der Post (1. Juni), die Jungfernfahrt des ersten Großraumwagens der Straßenbahn durch die Stadt (28. August) und die Übergabe der ersten nach dem Krieg im Raum Karlsruhe gebauten Autobahnstrecke (18. Dezember). Der fragliche 5-km-Abschnitt Rüppurr/Ettlingen – Bruchhausen bedeutete den Auftakt zum Bau der 180-km-Autobahn Karlsruhe-Basel. In der Reihe derer, die in jenen Jahren durch vielbestaunte Neuheiten auf sich aufmerksam machten, wollte dann auch das andere große Kaufhaus nicht fehlen. Auf dem Boden des im Krieg zerstörten, in den Nachkriegsjahren endgültig untergegangenen beliebten ehemaligen Konzertcafés Bauer hinter dem Rathaus wurde von Karstadt Karlsruhes erste Tiefgarage gebaut und am 12. Dezember 1959 in Betrieb genommen.

Im Januar 1953 erlebten die Karlsruher bei einem Pegelstand von 8,37 m das höchste Rheinhochwasser dieses Jahrhunderts und einen Monat später – bei Gritzner & Kayser in Durlach – die größte Feuersbrunst der Nachkriegszeit. Durch sie wurden mit einem Schlag 1000 Beschäftigte arbeitslos. Doch der mit dem Toben der Elemente beiläufig vermittelte Hinweis auf die Beschränktheit menschlicher Möglichkeiten vermochte die Genugtuung über die stürmische Aufwärtsentwicklung in den fünfziger Jahren nicht zu trüben. Zunehmend stellte sich ein gewisser Wohlstand ein, die Ära der Kühlschränke und Waschmaschinen hatte begonnen.

Auf der Höhe des Zeitgeschmacks war, wer Nierentische und anderes geschweiftes Mobiliar in seine Wohnung brachte. Schlagerschnulzen und Heimatfilme zeugten von der Nachkriegssehnsucht nach Sicherheit und Geborgenheit. Doch in Mode kam auch das große Fernweh, besungen nicht nur in Liedern von Freddy Quinn, sondern auch durch Reisen nach dem Süden gestillt. Das Zeitalter des Tourismus wurde eingeläutet.

Italien, Spanien und Jugoslawien beantworteten den Besuch aus dem Norden in der zweiten Hälfte der fünfziger Jahre mit Hunderttausenden von Gastarbeitern. Sie waren willkommene Mitgestalter des deutschen Wirtschaftswunders, nachdem die Arbeitslosigkeit praktisch auf Null gesunken und zum 1. Oktober 1956 die 45-Stunden-Woche samt arbeitsfreiem Samstag eingeführt worden war. Die Jugend aber, ohnehin empfänglich für das schicke Amerikanische, das sich in Sprache, mit Jeans und lockerem Verhalten in Westdeutschland ausbreitete, wurde mitgerissen von den Rhythmen und tanzakrobatischen Möglichkeiten des Rock'n'Roll – Ausdruck wiedergekehrter Lebensfreude und Lebensbejahung.

Gegensätze und Gemeinsamkeiten

Im März 1950 stellte die legendäre Aufräumungsarbeitsgemeinschaft Karlsruhe (AAK) ihre Arbeit ein. Diese Organisation war im Mai 1946 von dem damaligen Oberbürgermeister Dr. Hermann Veit gegründet und von den Ingenieuren Günther Klotz, dem späteren Oberbürgermeister, und dem Bauunternehmer Fritz Schäfer geführt worden. Tausende von Karlsruhern halfen, teils aus Idealismus, teils um Pluspunkte bei ihrer Entnazifizierung zu sammeln, mit, die Kriegsruinen abzureißen und den Schutt aus der Stadt zu schaffen. Die Innenstadt war durchzogen von Schienen, die zum Umschlag-„bahnhof" Schloßplatz führten. Von dort brachte der „Schuttexpreß", eine dampflokgezogene leistungsfähige Feldbahn, die Trümmer zur Auffüllung von Industriegelände nach dem Rheinhafen. Der überwiegende Teil der insgesamt 1,5 Millionen Kubikmeter Schutt, die der Krieg den Karlsruhern hinterlassen hatte, konnte somit nützlich verwendet werden. Die Karlsruher Schutträumung wurde wegen ihres Tempos und ihrer Effizienz überall gerühmt. Daß im Rausch der raschen Trümmerbeseitigung auch Erhaltenswertes unwiederbringlich verlorenging, kümmerte zunächst niemand.

Die Innenstadt war also wieder begeh- und befahrbar geworden. Aber nun erst recht präsentierte der Kriegspatient Karlsruhe mit verblüffenden Kahlflächen seine klaffenden Wunden. Vor allem der Markt- und der Schloßplatz, außerdem die gesamte Kaiserstraße lagen wie Mondlandschaften im Herzen der Stadt. Und doch war das Zentrum, dank der Initiative der Geschäftswelt, voller Lebhaftigkeit. Die Kaiserstraße, auch wenn sie so sehr darniederlag, war erneut der Magnet der Karlsruher geworden, kein heil gebliebenes Geschäftsviertel in anderen Stadtteilen, ob in Durlach, in der Süd- oder Oststadt, konnte sie ersetzen.

Die Trauer über den Verlust an Bausubstanz im Innern der Stadt war in den fünfziger Jahren bald verflogen. Statt dessen boten sich dem Beschauer an einigen historischen Plätzen nach Beseitigung des Schutts überraschend An- und Einblicke voll ungekanntem ästhetischem Reiz. Die ausgebrannte Evangelische Stadtkirche beispielsweise mit ihrem trotzigen Turmrumpf, das rückseitig zerborstene ehemalige Hoftheater, das ausgeglühte Klinkergemäuer der Orangerie samt dem zerbogenen Bronzegeflecht der Palmenhäuser oder gar das Skelett des Schlosses atmeten soviel morbide Schönheit, daß man versucht war zu wünschen, man könnte die Ruinen einfach liegenlassen. Vom Krieg geschaffene „Romantik".

Zwielichtiges auch, wenn man den gewaltigen Unterschied wahrnahm zwischen der malträtierten Innenstadt und den meisten Außenbezirken. Gewiß, auch Knielingen und Mühlburg, Rintheim und Hagsfeld waren von Bomben schwer getroffen worden. Aber die anderen Vororte waren weitgehend verschont geblieben. Dort schien es, als hätte es den Krieg nie gegeben, als sei die Uhr während einer Reihe von düsteren Jahren einfach stehengeblieben. Dörfliches Leben, pfleglich bestellte Äcker und Gärten als wichtige Versorgungsquellen eingeschlossen, prägten noch immer das Bild der meisten Vororte.

Der Kontrast zur Innenstadt konnte schärfer nicht sein. Und doch empfanden sich alle, ob sie in der Weststadt wohnten oder in Daxlanden, im schwer getroffenen Mühlburg oder in Durlach-Aue, im weitgehend verschonten Dörfle oder in Rintheim, das fehlgeleitete Bomben zu 70 Prozent zerstört hatten, als Bürger der gemeinsamen großen Stadt, deren Wiederaufbau sie erhofften.

Evangelische Stadtkirche: vor dem wiederaufgebauten Turm ragen die Säulen des zerstörten Kirchenschiffs.

Trümmerlandschaft Kaiserstraße. Vorn rechts der Eingang zur Kaiserpassage bei der Waldstraße.

PASSAGE PALAST

Warten auf den Wiederaufbau: Blick vom Schloßturm auf die Ruine des Mittelbaus des Karlsruher Schlosses. Schon wieder „friedensmäßig" hergerichtet ist der Schloßplatz.

Ruinen-Romantik:
Szene am Karlsruher
Schloß.

Makabre Beschilderung am historischen Ständehaus. Daß das älteste deutsche Parlamentsgebäude nicht wieder aufgebaut wurde, war eine der bedauerlichen Fehlleistungen der Nachkriegszeit.

Die Dampflok der Bundesbahn hat sich hier nicht auf das Straßenbahngleis verirrt. Sie hatte in der Gerwigstraße ihren eigenen Gleiskörper, um die Industriebetriebe direkt zu beliefern.

Ein Großherzog wird „gehängt": Szene von der Aufstellung der 22 Zentner schweren Kopie des im Krieg zerstörten Standbilds von Großherzog Ludwig auf den Brunnenschaft am Marktplatz.

Trauriger Rest eines der prägenden Weinbrennerbauten am Marktplatz: Blick auf die Ruine der Evangelischen Stadtkirche. Weitgehend unbeschädigt blieb das Durmsche Polizeipräsidium an der Südostecke des Marktplatzes. Gegenüber die Reste des „Kaiserhofs"

Nebel überm
Schloßgartenteich.
Dieser hatte vor der
Bundesgartenschau
von 1967 nur knapp ein
Zehntel seiner heutigen
Größe.

Im städtischen Bauhof gelandet: Trauernd, wie es scheint, stehen die schöngewandeten Figuren herum, einst eine Zierde des Bürklin-Palais' an der Kriegsstraße (s. S. 40). Was ist aus ihnen geworden?

Am Entenfang. Raumfordernd und breit hat sich die neue Verkehrsader vor das alte Mühlburg geschoben. Bald werden die alten Häuser und Schuppen hinter der Straßenbahn modernen Wohn- und Geschäftshäusern weichen.

Blick vom Turm der Bernharduskirche auf den Durlacher-Tor-Platz und in die links vom Dörfle, rechts vom Areal der Universität gesäumte östliche Kaiserstraße.
Szene aus einer Zeit, als zur Regelung des Verkehrs noch keine Signalanlagen erforderlich waren.

Spätherbstliche
Stimmung an der alten
Mühle bei Rüppurr.

Am Basler Tor
in Durlach. Aus dem
zugehörigen Bildtext
der „Badischen
Neuesten Nachrichten"
vom 21. Juni 1955
über Durlach:
„Aufgegangen in der
großen Nachbarstadt
und doch von einem
Selbstbewußtsein wie
kein anderer Vorort:
Stadt in der Stadt!"

An der Friedhofskapelle Bulach. Das ebenso bescheidene wie anmutige Gebäude lag damals noch außerhalb des Friedhofs.

Breit, wie ihr Name sagt, war die Breitestraße in Beiertheim schon immer. Die heute in allen Vorortstraßen selbstverständlichen Bürgersteige gab es in den fünfziger Jahren noch nicht.

Am Rhein bei Maxau. Der von französischen und amerikanischen Pionieren zwei Jahre nach Kriegsende erbauten Behelfsbrücke war eine „Lebenserwartung" von 15 Jahren vorhergesagt worden. In Wahrheit erreichte die Brücke, die von den damals kohlebetriebenen Schiffen mit „eingezogenem" Kamin passiert werden mußte, ein Alter von fast 30 Jahren.

Verloren durch Bomben und Bagger

Wer sich im Hochgefühl des Wirtschaftswunders der fünfziger Jahre Nüchternheit und Nachdenklichkeit bewahrt hatte, war möglicherweise versucht, den Umfang der Verluste aufzulisten, die der Krieg der Stadt zugefügt hatte. Ein mühevolles Unterfangen, auch wenn sich die Verlustbilanz allein auf ausgebrannte und zerborstene Bauwerke beschränkte. Mit der später errechneten Vernichtungskraft von 22 000 Tonnen Sprengbomben, von 420 80-Zentner-Luftminen und über einer halben Million Brand- und Phosphorbomben sollten kriegswichtige Betriebe ausradiert, der Bahnverkehr lahmgelegt, aber auch die Bevölkerung demoralisiert werden. Diese Ziele wurden nicht erreicht. Aber die Stadt wurde durch die Vernichtung sie prägender Bauten und Häuserreihen so sehr verstümmelt, daß sich ihr Bild trotz großen Wiederherstellungsbemühens verlustreich verändert hat. Wobei anzumerken ist, daß die Bagger der Trümmerbeseitigung das Zerstörungswerk der Bomben in vielen Fällen vollendeten. Der Wunsch, rasch ein hindernis-, also trümmerfreies Glacis für den späteren Wiederaufbau zu schaffen, war häufig stärker als die Fähigkeit zum Nachdenken über Möglichkeiten der Bewahrung stadtbildwichtiger Substanz.

Nur so ist es zu erklären, daß es nicht gelang, das Marktplatz-Ensemble auch an seiner Nordflanke wiederherzustellen oder die Hertie- (damals Union-) Kaufhausarchitektur zu retten, die der Kaiserstraße zusammen mit Karstadt (damals Hölscher, vorher Knopf) soviel architektonische Ausdruckskraft gegeben hatte. Privateigentümer hatten, wenn meist auch aus finanziellen Gründen, in der Regel noch weniger Lust als die öffentliche Hand, sich denkmalpflegerisch zu engagieren. Auf diese Weise verschwanden gerade an der Kaiserstraße zahlreiche wertvolle Jugendstil- und Gründerzeitfassaden. Aber auch so markante Gebäude wie das Hotel Germania am Ettlinger Tor und eine Anzahl wertvoller Wohngebäude an der Karl-Friedrich-Straße und am Rondellplatz sowie das traditionsreiche Künstlerhaus am Karlstor gingen verloren.

Stadt und Land leisteten, ungeachtet ihres vollauf zu würdigenden Wiederaufbauwerks, einen nicht geringen Beitrag zur sogenannten „stillen Zerstörung". Die Nordfront des Berckmüllerschen Friedrichsplatzes einschließlich seines anmutigen „Tors" über der Lammstraße wurden verformt oder zerstört, das Bürklin-Palais, neben dem Prinz-Max-Palais Karlsruhes repräsentatives Zeugnis großbürgerlicher Baukultur des 19. Jahrhunderts, abgebrochen und das Eingangsbauwerk der Durmschen Festhalle am Stadtgarten gesprengt. Massivem Widerstand der Öffentlichkeit war es zu danken, daß aus der Ruine des Markgräflichen Palais am Rondellplatz, eines der bedeutendsten Schöpfungen Friedrich Weinbrenners, wenigstens der Portikusbereich wiedererstand, ein freilich völlig unbefriedigendes denkmalschützerisches Stückwerk. In den sechziger Jahren wurden dann auch noch die Ruinen des parlamentsgeschichtlich unersetzlichen Ständehauses und des den Schloßplatz maßgeblich mitprägenden ehemaligen Hoftheaters geschleift.

Es ist nicht zu leugnen, daß hinter den Abbruchmaßnahmen neben finanziellen vor allem auch planerische Zwänge standen. Diesen fielen beispielsweise der Alte Bahnhof, die Wachhäuser des Linkenheimer und Mühlburger Tors, später dann auch das Karlstor-Wachhaus zum Opfer. Aber daß die tabula-rasa-Euphorie der Nachkriegszeit die Zerstörung durch Bomben in zahlreichen Fällen ausweitete und vollendete, kann nicht verschwiegen werden.

Das traditionsreiche Künstlerhaus am Karlstor, im Krieg schwer getroffen, war eines der Opfer einer teilweise rigorosen Abbruchmentalität in den fünfziger Jahren.

Gesellschaftlicher Mittelpunkt der Stadt war über Jahrzehnte hinweg die in den siebziger Jahren des vorigen Jahrhunderts von Josef Durm erbaute Festhalle.
Den Bombenhagel vergleichsweise glimpflich überstand die schöne Eingangsfassade. Aber auch sie mußte weichen: Die Schwarzwaldhalle forderte ihren Tribut.

Fürst Bismarck, dessen Denkmal damals noch auf dem Festplatz stand, „überlebte" nach der Zerstörung der meisten ihn umgebenden Gebäude auch die Sprengung der letzten Erinnerung an die Karlsruher Festhalle. Enttäuscht, so könnte es scheinen, verließ der „Eiserne Kanzler" danach den Festplatz und fand vor dem Bismarck-gymnasium seinen neuen Standort.

Vom Krieg weitgehend verschont geblieben war das 1842–1845 von Friedrich Eisenlohr an der Kriegsstraße errichtete Bahnhofsgebäude. Das Bauwerk überdauerte den Bau des im Ersten Weltkrieg eröffneten neuen Karlsruher Hauptbahnhofs. In den fünfziger Jahren mußte zunächst der östliche Pavillon (links) sowie der mittlere Pavillon samt Turm dem benachbarten Großmarkt (!) weichen. Der westliche Pavillon fiel, als in den siebziger Jahren Platz für den Theaterneubau geschaffen wurde.

Fast unbeschädigt geblieben war das Wachhaus des ehemaligen Linkenheimer Tors. Das stadtgeschichtlich nicht unwichtige Gebäude überstand die Nachkriegszeit ebensowenig wie die Wachhäuser des Mühlburger- und des Karlstors.

Das Hotel „Germania" am Ettlinger-Tor-Platz war bis zu seiner Zerstörung im Jahre 1942 Karlsruhes vornehmstes Hotel gewesen. Die Vergeblichkeit des Bemühens, einen Geldgeber für den Wiederaufbau des Hauses zu finden, führte zum Abbruch der Ruine. Auf dem Grundstück erstand danach das Friedrich-List-Wirtschaftsgymnasium.

„Sprengmeister" bei ihrer gefährlichen Arbeit: Eine 20-Zentner-Bombe wird entschärft. In der Nachkriegszeit wurden im Stadtgebiet Dutzende sogenannter Blindgänger gefunden.

Das Markgräfliche Palais am Rondellplatz war eines der Meisterwerke Friedrich Weinbrenners. Daß der Wiederaufbau nur auf das Fragment der Eingangszone beschränkt blieb, war eine nicht wieder gutzumachende Fehlentscheidung.

FRIEDRICH GUTSCH
FRIEDRICH SPRINGER
VERSTEIGERUNGS
HALLE
HANS PETER

Verschwundene Fassaden.
Oben: Die von Josef Durm in den Jahren 1878 – 1880 erbaute Villa Bürklin, auch Palais Bürklin genannt, an der Kriegsstraße gehörte mit dem Palais Schmieder (später Prinz-Max-Palais) zu den repräsentativen Wohnbauten des Karlsruher Großbürgertums im 19. Jahrhundert.
Unten: Ruine der Joseph-Berckmüllerschen Friedrichsplatz-Bebauung (1864 – 1875) bei der Lammstraße.

Arkadenbögen am Schloßplatz, letzte Erinnerung an das ehemalige badische Staatsministerium, werden gesprengt. Sicherheitsrücksichten hatten die Beseitigung notwendig gemacht.

Umfangreiche bauliche
und verkehrstechnische
Veränderungen
zwischen Entenfang
und Lameyplatz
machten den Abbruch
mehrerer Häuser in
Alt-Mühlburg
erforderlich. Auch
eines der ältesten
Gebäude in Mühlburg
mußte weichen.

Vor Mühlburgs ältestem Haus: „'s Leyerles Häusle" hat als einziges die Zerstörung Mühlburgs durch die Franzosen im Jahr 1689 überstanden. Im Jahr 1954, als der Ausbau der Lameystraße zur vierspurigen Ausfallstraße nach dem Westen begann, wurde es zusammen mit anderen alten Häusern abgebrochen.

„Mitläufer", Petticoats und Motorroller

Mit dem Verlust der Ostgebiete, mit der Vertreibung von 13 Millionen Menschen aus ihrer Heimat und der seit 1948 sich verfestigenden Teilung des Rest-Reiches waren die Deutschen für ihren mutwillig inszenierten Krieg hart bestraft worden. Doch noch Schlimmeres, das manche in den Reihen der Sieger sich ausgedacht hatten – die Deportation von Millionen Menschen als Arbeitssklaven, die totale Entindustrialisierung oder die zerstückelnde Auflösung Deutschlands – blieb ihnen erspart. Der aufbrechende Ost-West-Konflikt verhalf Deutschland, zusammen mit eigener Leistung, schneller als erwartet auf die Füße. Und darum ging es den Karlsruhern in den „Fünfzigern" insgesamt gesehen weit besser, als sie sich dies in den ersten Nachkriegsjahren hatten vorstellen können.
Auch die vielkritisierte Entnazifizierung, gutgemeinte Säuberungs-, aber auch Strafaktion der Siegermächte, war abgeschlossen. Mehrere zehntausend Karlsruher hatten sich vor den sogenannten Spruchkammern wegen ihrer Zugehörigkeit zu nationalsozialistischen Organisationen zu verantworten. Aber nicht weniger als 50000 von ihnen wurden als „Mitläufer" praktisch freigesprochen und nur 300 in die Kategorie der „Minderbelasteten", weitere 140 in die Gruppe der „Belasteten" eingestuft. „Hauptschuldige" mit der Konsequenz mehrjähriger Haftstrafen, belegt meist auch mit Berufsverbot und hohen Geldstrafen, wurden von Karlsruher Spruchkammern in 30 Fällen ermittelt.
Inzwischen gingen die Karlsruher auch brav zu den Wahlurnen. Nicht weniger als viermal, jeweils im Zwei- bis Drei-Jahre-Takt, wählten sie zwischen 1950 und 1960 den Gemeinderat, anfangs noch Stadtrat benannt. Führende Kraft wurde auf dem kommunalen Sektor die SPD, der auch die Oberbürgermeister Hermann Veit (1945 – 1947), Friedrich Töpper (1947 – 1952) und Günther Klotz (1952 – 1970) angehörten. In der Rathaus-„Regierung" waren jedoch die drei größeren Parteien voll vertreten, mit Berthold Riedinger anfangs auch ein Kommunist. Die den Badenern bisweilen nachgerühmte Umgänglichkeit und Toleranz war also auch gerade in Karlsruhe spürbar. Ohnehin war Kommunalpolitik in jenen Jahren nur geringfügig von Parteiinteressen diktiert. Wunsch und Wille zu einem möglichst raschen Wiederaufbau erzeugten einen so nie wieder erlebten Zusammenhalt aller politischen Kräfte.
Währenddessen fanden die Karlsruher mehr und mehr zu einem Leben der Normalität. Die meisten hatten Arbeit, ob in der Fabrik, im Büro oder auf den Äckern der Vororte. Motor- und Kabinenroller waren die Vorläufer eines bald anhebenden Zeitalters der Motorisierung. Danach verbreiteten Tausende von „Käfern", die in den „Fünfzigern" die Straßen zu bevölkern begannen, aufwärtsweisenden Optimismus. Der fröhlich-ausgreifende Petticoat beherrschte die Damenmode, und in den Tanzlokalen wurde südamerikanisch Samba und Rumba, bald aber auch der nordamerikanische Rock'n' Roll getanzt.
Ein Nachholbedarf an Unterhaltung und Geselligkeit äußerte sich in zahllosen Vereinsveranstaltungen und auf Bällen. Zeitweise schien es, als müßten und wollten die Karlsruher alles tun und erleben, was fünfeinhalb Jahre Krieg und die harte Nachkriegszeit ihnen vorenthalten hatten. Wiedererstanden war u.a. der traditionsreiche Karlsruher Presseball. „Ansager" bei seiner Nachkriegspremiere im „Museum" an der Waldstraße war kein Geringerer als Peter Frankenfeld. Sein Honarar betrug damals ganze 350 Mark . . .

„Cerberus" nannte man den Mann am Auskunftsschalter des Rathauses an der Beiertheimer Allee. Dort, im heutigen Polizeipräsidium, war die Stadtverwaltung untergekommen, ehe das Rathaus am Marktplatz nach siebenjähriger Bauzeit wiederaufgebaut und – im Dezember 1955 – eingeweiht worden war.

Die „Markthalle"
auf Schienen.
Die Karlsruher
Straßenbahn war
zeitweise „Mädchen
für alles".

Die „Besengarde“ rückt aus. Straßenkehrer beim morgendlichen Ausmarsch aus dem Bauhof.

Petticoat
und Stangeneis.

„Qualitäts-
Krawatten",
Velociped und Paraplü.
Straßenszenen
aus dem Jahr 1955.

Mit zwei PS und viel Heu über die Kaiserstraße: Schnappschuß im Herbst 1954.

Pause am Hygieia-Brunnen vor dem Vierordtbad: Ein Gartenarbeiter netzt seine Sichel.

Nach dem Besuch des Konzertcafés „Museum" wartet der Fiaker.

„Lumpe, Alteise, Papier . . ." – eine vertraute Melodie, die noch viele Jahre nach Kriegsende in Karlsruhes Straßen zu hören war.

Nikolaus Jahrgang 1953: Der Weihnachtsmann der studentischen Hilfsorganisation „Hilf-Fix" kommt mit dem Kabinenroller.

In Rüppurr: Wozu Treppen steigen, wenn's auch so geht . . .

Schilderwechsel: Im Sommer 1958 wurden die Weiß-Schwarz-Länderkennzeichen (AW = Baden-Württemberg) von den – Stadt- und Landkreisen zugeordneten – Schwarz-Weiß-Schildern abgelöst.

Frühmorgens im
Karlsruher
Hauptbahnhof:
Pendler passieren die
Fahrkartenkontrolle.

Wieviel Liter faßt
der Tank?

Schwätzchen vor
der Haustür.

Der „alte Martin", Beiertheims letzter „Ausscheller", verliest die neuesten Bekanntmachungen.

Vesperzeit. Ein Bild, das nicht irgendwo auf dem Land, sondern an einem Feldrain bei Rüppurr entstand.

Mittagspause der
Bauhandwerker.

Wäsche im Wind.

„Land unter" im Karlsruher Rheinhafen. Das „Jahrhundert-Hochwasser" vom Januar 1955 überschwemmte das gesamte Hafengelände.

Vom Hochwasser
überflutet: Szene vom
Rheinstrandbad
Rappenwört mit dem
Milchhäusle.

Treibeis machte den Rhein im Februar 1956 unpassierbar. Zahlreiche Schiffe suchten im Rheinhafen Zuflucht.
Freude bei der Schuljugend: Wegen Kohlenmangel wurden die Schulen vom 12. 2. bis 5. 3. 1956 geschlossen.

„Residenz" geblieben

Karlsruhe war durch die Nachkriegsläufte zu politischer Bedeutungslosigkeit verurteilt. Die unglückselige Besatzungspolitik der Siegermächte hatte Baden und Württemberg in der Mitte zerschnitten. Im Süden, unter französischer Hoheit, waren die Länder (Süd-)Baden und (Süd-)Württemberg-Hohenzollern entstanden, im Norden, unter amerikanischer Ägide, das Land Württemberg-Baden. Regierungssitze waren Freiburg, Tübingen und Stuttgart. Karlsruhe aber, seit 1806 Hauptstadt des Landes Baden, hatte, dieses Rangs beraubt, unter allen großen Kommunen des Südwestens an der Länderteilung am meisten zu leiden. In den fünfziger Jahren eröffnete sich den Badenern die vage Chance einer Wiederherstellung ihres Landes. Bei einer Volksabstimmung im Dezember 1951 entschied sich eine knappe Mehrheit der Badener (52,2 Prozent) für „Baden". Mit nahezu 70 Prozent pro Baden bestätigte Karlsruhe, wo der Wahlkampf besonders leidenschaftlich geführt wurde, seinen Ruf, die „badischste aller badischen Städte" zu sein. Ein ungerechtes Abstimmungssystem, das den Badenern von einer Allianz aus Stuttgart, Tübingen und Bonn aufgezwungen wurde, verhinderte jedoch, daß dem Mehrheitswillen der Badener Rechnung getragen wurde.

Statt dessen kam es im Frühjahr 1952 zur Bildung des Südweststaats. Das neue große Land erhielt den Namen Baden-Württemberg, etwas Balsam auf wunde badische Herzen. Doch Wunsch und Hoffnung der Karlsruher, ihre Stadt könne wieder „Residenz" werden, blieben unerfüllt – Stuttgart hatte ungleich bessere Karten. Daß das Bundesverfassungsgericht die Mißachtung des Ergebnisses der Volksabstimmung vom Dezember 1951 später als verfassungswidrig bewertete – „der Wille der Badener wurde überspielt", hieß es in dem Urteil –, änderte an den geschaffenen Tatsachen nichts mehr. Erst im Juni 1970, von den „Baden"-Gegnern taktisch erfolgreich hinausgezögert, fand der vom höchsten Verfassungsorgan als unerläßlich bezeichnete Volksentscheid statt. Zu spät. Die berühmte normative Kraft des Faktischen erwies sich als Siegerin. Selbst in Karlsruhe sprachen sich nur noch 32 Prozent derer, die zur Abstimmung gegangen waren, für die Wiederherstellung des Landes Baden aus.

Wie in Vorsorge für den Fall des endgültigen Verlusts des Hauptstadtrangs hatte das Karlsruher Rathaus mit Oberbürgermeister Töpper und seinem Wirtschaftsdezernenten Dr. Gurk schon im Jahr 1949 Fäden nach Bonn gesponnen mit dem Ziel, zwei im Entstehen befindliche Bundesbehörden, den Bundesgerichtshof und das Bundesverfassungsgericht, nach Karlsruhe zu bringen. Dadurch sollte wenigstens ansatzweise ein kleiner Ausgleich für den erlittenen Hauptstadtverlust geschaffen werden. Im Wettbewerb mit zwölf anderen Städten machte Karlsruhe im Falle des Bundesgerichtshofs das „Rennen". Im Oktober 1950 wurde dieses Gericht im eilig für seine Zwecke ausgebauten Erbgroßherzoglichen Palais zwischen Lamm- und Ritterstraße von Bundespräsident Theodor Heuss eröffnet. Ein Jahr später war es auch mit dem Bundesverfassungsgericht so weit. In Anwesenheit diesmal von Bundeskanzler Konrad Adenauer, wurde es im Prinz-Max-Palais aus der Taufe gehoben und installiert.

Die Ansiedlung der beiden hohen Gerichte war natürlich bei weitem kein Ausgleich für den erlittenen Verlust einer Landesmetropole, aber doch auch weit mehr als nur Trost. Stolz nannte sich die Stadt, damit das verlorene Etikett wiederaufnehmend, fortan „Residenz des Rechts", übrigens eine Begriffsschöpfung des Karlsruher

Journalisten Prof. Kurt Haberer. Die um neue Bedeutung ringende ehemalige Landeshauptstadt wollte sich mit der – materiell nicht übermäßig ins Gewicht fallenden – Zier der beiden hohen Gerichte allerdings nicht zufrieden geben. Nach schwierigen Verhandlungen gelang es, auch die Bundesanstalt für Wasserbau nach Karlsruhe zu holen. Und als sich abzeichnete, daß der Bund ein großes Kernforschungszentrum bauen würde, warf Karlsruhe erneut den Hut in den Ring und – gewann. Der „Atommeiler" wurde dann aus Sicherheitsgründen zwar nicht, wie beabsichtigt, am Rhein bei Knielingen, sondern im Wald bei Leopoldshafen gebaut. Doch mit der gesamten Region hatte gerade auch Karlsruhe als Verwaltungssitz des später 3000 Menschen beschäftigenden Unternehmens den Nutzen. Die Last der Abwehr vielfältiger Proteste und zahlloser schwieriger Genehmigungsverfahren aber hatte der für Leopoldshafen zuständige oberste Landesbeamte, Landrat Joseph Groß.
Auf dem ursprünglichen „Reaktorgelände" in den Auewäldern am Rhein ließen sich danach zwei Großraffinerien nieder. Die umfangreiche Abholzung ging zu jener Zeit noch praktisch widerstandslos über die Bühne. Der gleichwohl schmerzliche Eingriff in die Natur, die notwendige Verlegung der Alb auf einer Länge von vier Kilometern eingeschlossen, war der bittere Preis für den Erfolg bei dem Bemühen, im Wettlauf um die Ansiedlung neuer Industrien als Ausgleich für erlittene Verluste die Nase vorn zu haben.

Zwei Füchse: Reinhold Maier, Ministerpräsident des damaligen Landes Württemberg-Baden, und Leo Wohleb, Staatspräsident des Landes (Süd-)Baden, waren einander im Kampf um den Südweststaat und Baden in herzlicher Gegnerschaft verbunden.

Hie Baden – hie Südweststaat: Wahlwerbung am Ettlinger Tor vor der Volksabstimmung vom 9. Dezember 1951. Der ehemalige badische Innenminister Ludwig Georg Winter (1830 – 1838) scheint dem Streit interessiert zuzuschauen. Ihm hat die Stadt Karlsruhe wegen seines damals freiheitlichsten Gemeindegesetzes in ganz Europa ein Denkmal errichtet.

Wer die Wahl hat: Szene von der Gemeinderatswahl 1956.

Werbung des Heimatbundes Badnerland für ein Volksbegehren als Voraussetzung des vom Bundesverfassungsgericht den Badenern eingeräumten Volksentscheids. Dieser wurde allerdings bis zum Jahr 1970 verschleppt und verlief für „Baden" negativ.

Karlsruhe wird
„Residenz des Rechts“:
Einzug des
Bundesgerichtshofs
in das
Erbgroßherzogliche
Palais.

Von Karlsruher Polizei – damals noch selbständig und in blauer Uniform – geschützt: Das Bundesverfassungsgericht hatte im Prinz-Max-Palais an der Karlstraße sein erstes Domizil.

Als Vorleistung für die im Juli 1956 beschlossene Ansiedlung des deutschen Reaktorzentrums bei Karlsruhe wurden schon Monate zuvor große Teile des Auewalds bei Knielingen gerodet. Errichtet wurde der „Atommeiler" dann aber im Hardtwald bei Leopoldshafen. Auf dem Gelände am Rhein entstanden statt dessen zwei Erdöl-Großraffinerien.

Das „Kellergeschoß" des Kernreaktors bei Leopoldshafen wird betoniert. Nächtliche Szene vom März 1958.

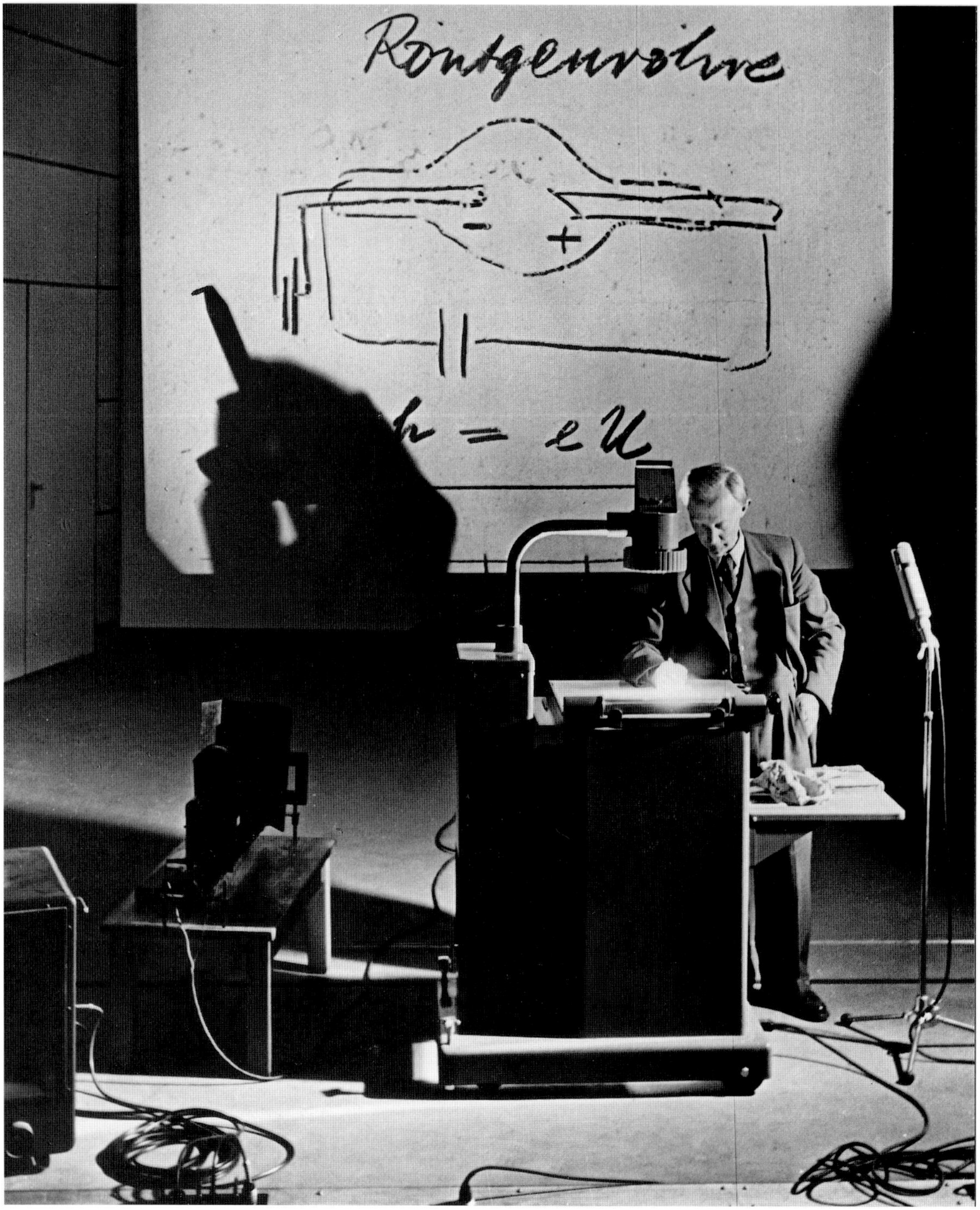

Eine Geisterhand schreibt an die Wand. Der Physiker Prof. Dr. Christian Gerthsen in dem später nach ihm benannten großen Hörsaal der Universität. Der Schreibprojektor war eine vielbeachtete Neuentwicklung jener Jahre.

Parallel zur Ansiedlung der Raffinerien wurde die Bundesstraße 10 um Knielingen herumgeführt, und die Alb erhielt auf einer Länge von vier Kilometern ein neues Bett.

Wiederaufbau und Neubau der Stadt

Gemessen am Umfang der Schäden vollzogen sich die Trümmerbeseitigung, aber auch die ersten Planungen für den Wiederaufbau, in einem atemberaubenden Tempo. Noch inmitten der Schutträumung, im Jahr 1949, waren verbindliche Festlegungen für den Wiederaufbau der Innenstadt erfolgt. Die Planung verpflichtete die öffentliche Hand und private Grundstücksbesitzer zur Wiedererrichtung der Weinbrennerbauten am Marktplatz, belebte und dehnte die Kaiserstraße am Marktplatz und an der Hauptpost durch Arkaden und weitete den Kaiserstraßenraum insgesamt durch Zurücknahme der südlichen Bauflucht über dem Erdgeschoß.

Richtig in Schwung kam neues Bauen allerdings erst unter Günther Klotz. Bisher, zusammen mit Fritz Schäfer, Chef der Aufräumungsarbeitsgemeinschaft, war Klotz nach dem gesundheitsbedingten Rücktritt von Friedrich Töpper im Juni 1952 als Kandidat der SPD zum Oberbürgermeister gewählt worden. Von Haus aus Tiefbauingenieur, ausgestattet mit Phantasie, mitreißendem Optimismus und starkem Durchsetzungsvermögen, brachte Klotz alle Voraussetzungen für eine Periode ungemein dynamischen Planens und Bauens ein.

Es war wie ein Fanal und erzeugte bei der Bevölkerung eine so nie für möglich gehaltene Aufbruchstimmung, als sich im Frühjahr 1953, knapp ein Jahr nach dem Amtsantritt des neuen Oberbürgermeisters, im Mühlburger Feld ein Wald von Gerüststangen erhob und im darauffolgenden Winter Hunderte von Wohnungen bezogen werden konnten. Zur gleichen Zeit wurde in einem knappen halben Jahr die von aller Fachwelt bewunderte – inzwischen längst als Baudenkmal eingestufte – Schellingsche Schwarzwaldhalle errichtet.

Die fünfziger Jahre waren hinsichtlich des Wiederaufbaus und Neubaus der Stadt eine denkwürdige Zeitspanne. Das Rüppurrer Bad, das Turmbergbad und das – am 1. August 1955 eröffnete – Tullabad, Deutschlands erstes Hallen-Sportbad, entstanden, die nächtlich fluoreszierenden Wasserspiele am Festplatz nicht zu vergessen, auf die die Karlsruher nicht wenig stolz waren. Im Herbst 1957 schließlich wurde Karlsruhes größte Nachkriegssiedlung in Angriff genommen, die Waldstadt, in Wahrheit die Gründung eines großen und modernen Stadtteils (nach Plänen von Prof. Karl Selg). Daß angesichts solch ehrgeiziger Projekte der Wiederaufbau der historischen Mitte nicht zu kurz kam, bewiesen die schon zu Pfingsten 1951 wiedereingeweihte katholische Stadtkirche St. Stephan, die im Jahr 1955 erfolgte Übergabe des wiederaufgebauten Rathauses und der drei Jahre später abgeschlossene Wiederaufbau des städtebaulichen Rathaus-Pendants, der Evangelischen Stadtkirche. In Etappen erstand auch das Schloß wieder, dessen endgültige Fertigstellung sich allerdings weit in die 60er Jahre hinzog.

Verkehrslösungen unterschiedlichster Zielsetzung sorgten im Süden und Westen für ebenso einschneidende wie positive Veränderungen. Im Süden kam es zum Verbund zwischen Straßen- und Albtalbahn und dadurch zur Beendigung des Verkehrsbruchs an der Ebertstraße. Bald konnte man vom Stadtinnern aus direkt nach Rüppurr, später nach Ettlingen, Herrenalb und Ittersbach fahren. Im Westen aber, in Mühlburg, wurde die Rheinstraße nach Abbruch der zerbombten Nordseite auf einer Länge von über einem halben Kilometer auf fast das Doppelte ausgeweitet und zu einem attraktiven Geschäftszentrum verwandelt.

Baustellen an allen Ecken und Kanten kennzeichneten die Wiederaufbaujahre der „Fünfziger". Im Bild: Blick in die Lammstraße nahe der Kreuzung mit der Kaiserstraße.

Als erste Etappe des zeit- und kostenaufwendigen Wiederaufbaues des Karlsruher Schlosses wurde der Schloßturm wiedererrichtet. Das Panoramabild mit dem weiten Blick zur Stadt und bis zu den Schwarzwaldbergen entstand bei der Montage für die Verschalung des Turmhelms aus Stahlbeton.

Wie eine Spinne im
Netz mutet der
Bauarbeiter an, der
im Knotenpunkt sich
kreuzender Gerüst-
stangen steht. Mit Hilfe
dieser Stangen werden
die Außenwände der
Schloßruine abgestützt,
ehe später mit dem
Wiederaufbau
begonnen werden
kann.

Wie sich die Silhouetten gleichen: Seiltänzer überm Meßplatz.

Ein Wald von Gerüststangen signalisiert im Mühlburger Feld das seit dem Bau des Dammerstocks umfangreichste Wohnungsbauvorhaben in Karlsruhe. Im Hintergrund die Türme der Kirche St. Peter und Paul.

Die Schwarzwaldhalle
entsteht.
Auf das scheinbar
unentwirrbare
tausendgliedrige
Gerüst-Skelett wird
bald schon das
vergleichsweise
hauchdünne
Hängedach aufgelegt.

Neuartig, imposant und ästhetisch befriedigend erschien den Karlsruhern, was da am Nordrand des Stadtgartens anstelle der Festhalle in unglaublichem Tempo heranwuchs. Das Foto der im Entstehen befindlichen Schwarzwaldhalle wurde von Lilo Schlesiger, die ihren Mann vertreten mußte, von der höchsten Karlsruher Feuerwehrleiter aus gemacht.

Albtalbahn und Straßenbahn werden gegen Ende der fünfziger Jahre miteinander verbunden. Im Hintergrund der damalige Albtalbahnhof an der Ebertstraße, über Jahrzehnte hinweg Umsteigestation in Richtung Rüppurr, Ettlingen und Herrenalb.

Die umfangreichste und einschneidendste bauliche und verkehrsmäßige Neuordnung nach Kriegsende vollzog sich in Mühlburg. Zwischen Entenfang und der Kirche St. Peter und Paul wurde die Rheinstraße auf das Doppelte verbreitert.

Die weitgehend zerstörte nördliche Bauflucht wurde dabei bis zu 20 Meter zurückverlegt. Wie auf einer Insel liegt hier noch immer das Gasthaus „Stadt Karlsruhe", doch lange kann es dem Sanierungswerk nicht mehr trotzen.

Nachkriegs-Siedlungsbau: Häuserzeile an der Koblenzer Straße beim Dammerstock. Bauherrin war die Siedlungsgenossenschaft des Evangelischen Hilfswerks.

Die „zweite Gründung" – so wurde das Großvorhaben der Karlsruher Waldstadt, die umfangreichste und bedeutendste Wohnraumplanung in der Geschichte der Stadt, in der Presse benannt. Zwei Jahre nach dem ersten Spatenstich für den neuen Stadtteil (10. 9. 1957) wohnten schon nahezu 3000 Menschen in der Waldstadt.

Licht und Schatten – Glück und Not

Die von einem tatkräftigen Wiederaufbau und Neubau bewirkte optimistische Aufbruchstimmung konnte nicht völlig verdecken, daß es in vielen Karlsruher Familien noch große Sorgen gab. In oft primitiven Behausungen herrschte manche schwere Not, von der die breite Öffentlichkeit nichts wußte. Es gab viel verschämte Armut. Aber es gab auch, vor allem seitens der Wohlfahrtsverbände, gewaltige Anstrengungen, Armut aufzudecken und zu lindern. Die Stadt ihrerseits ergriff auf dem Gebiet der Altenfürsorge eine bemerkenswerte Initiative, indem sie, im Frühjahr 1952, gleich zwei städtische Altersheime eröffnete: eines im „Parkschlößle" Durlach, das andere auf der „Wilhelmshöhe" Ettlingen.

Das für die Stadt wie für die Bevölkerung in jenen Jahren größte menschliche Problem war die Notwendigkeit, die zahllosen Vertriebenen aus Polen und der Tschechoslowakei, aus Jugoslawien und Ungarn aufzunehmen. In Kasernen und Turnhallen, in der Daxlander Appenmühle auch, wurden Auffanglager eingerichtet, in denen die aus ihrer Heimat Verstoßenen oder Geflohenen meist monatelang auf eine andere Unterkunft warten mußten. An eine eigene Wohnung war auf lange Zeit nur in seltenen Fällen zu denken. Vielmehr wurden die meisten Vertriebenen in Wohnungen von Einheimischen eingewiesen; die Karlsruher mußten zusammenrücken.

Die Wohnungsnot, als Folge der Kriegszerstörungen ohnehin sehr belastend, wurde durch die Vertriebenenströme, zu denen auch zahlreiche Flüchtlinge aus der sogenannten Sowjetzone kamen, beträchtlich vergrößert. Im Jahr 1953 belief sich das Defizit an Wohnungen in Karlsruhe auf 13000. Lichtblicke waren in dieser Situation die Flüchtlingssiedlung an der Hagsfelder Allee, vor allem aber die von Landrat Joseph Groß auf Neureuter Gemarkung geschaffene, ausschließlich Vertriebenen vorbehaltene, von diesen mitgebaute Kirchfeldsiedlung. Im Mühlburger Feld, später auch in der Waldstadt, fanden ebenfalls viele Vertriebene erstmals wieder eigene vier Wände.

Glücklicherweise wurden dank des Wirtschaftsaufschwungs der fünfziger Jahre viele neue Arbeitsplätze geschaffen, die auch den bald als besonders fleißig erkannten Neubürgern eine Existenz sicherten. Da und dort gründeten diese selbst kleine und mittlere Unternehmen. Die bekanntesten waren Glasbläsereibetriebe aus Gablonz im Sudetenland, die sich zu einer Arbeitsgemeinschaft zusammenschlossen.

Die Integration der abschließend rund 40000 Vertriebenen in die Gemeinschaft der Karlsruher darf als einer der größten, wichtigsten und erfreulichsten Erfolge der Nachkriegszeit bewertet werden. Daß das Zusammenwachsen alles in allem gelang, spricht ebenso für die An- und Einpassungsfähigkeit der Neu-Karlsruher wie für eine beträchtliche Aufnahme- und Hilfsbereitschaft der Einheimischen.

Bis zum Jahr 1955 – der Krieg war schon über zehn Jahre zu Ende – mußten auch Karlsruher Familien warten, ehe die letzten Kriegsgefangenen aus russischen Lagern entlassen wurden. Sie waren von Konrad Adenauer „freigekauft" worden gegen die von den Sowjets dringend gewünschte Aufnahme diplomatischer Beziehungen mit der Bundesrepublik. Auf dem Karlsruher Hauptbahnhof kam es zu bewegenden Wiedersehensszenen. Für zahlreiche Familien aber wurde die Rückkehr der letzten Kriegsgefangenen zur endgültigen Gewißheit, daß ihre vermißten Väter, Söhne und Brüder nie wiederkehren werden.

Abendliche Szene am
Langenbruchweg nahe
dem Rangierbahnhof.

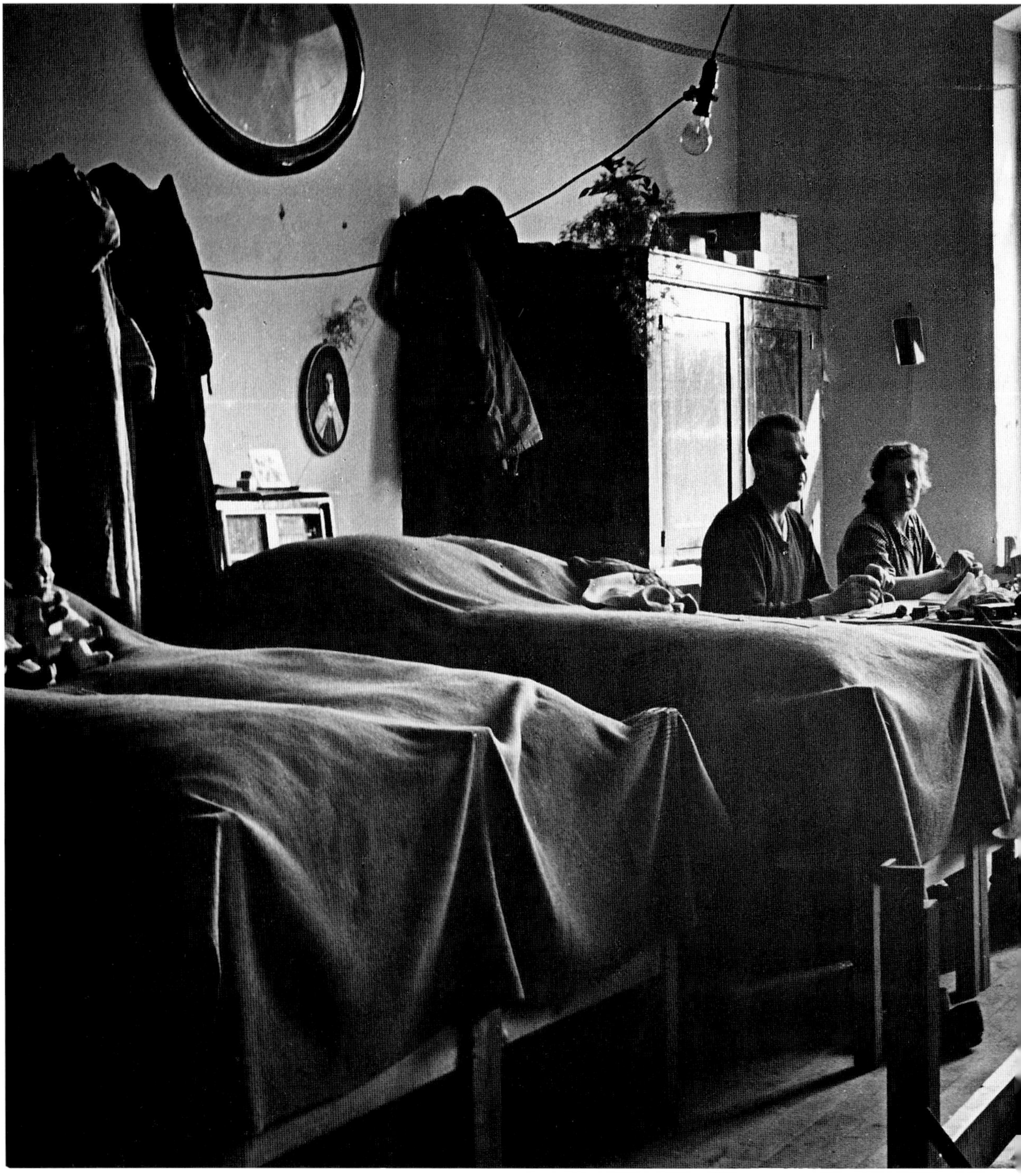

Warten auf bessere Zeiten.
Blick in eine Gemeinschaftsunterkunft für Vertriebene in der Daxlander „Appenmühle". Für 16 Männer, Frauen und Kinder ist dieses Zimmer Arbeits-, Wohn- und Schlafraum zugleich. Das Ehepaar im Hintergrund links hat Heimarbeit für die Gablonzer Glasindustrie übernommen und fädelt täglich viele Stunden lang Perle um Perle auf.

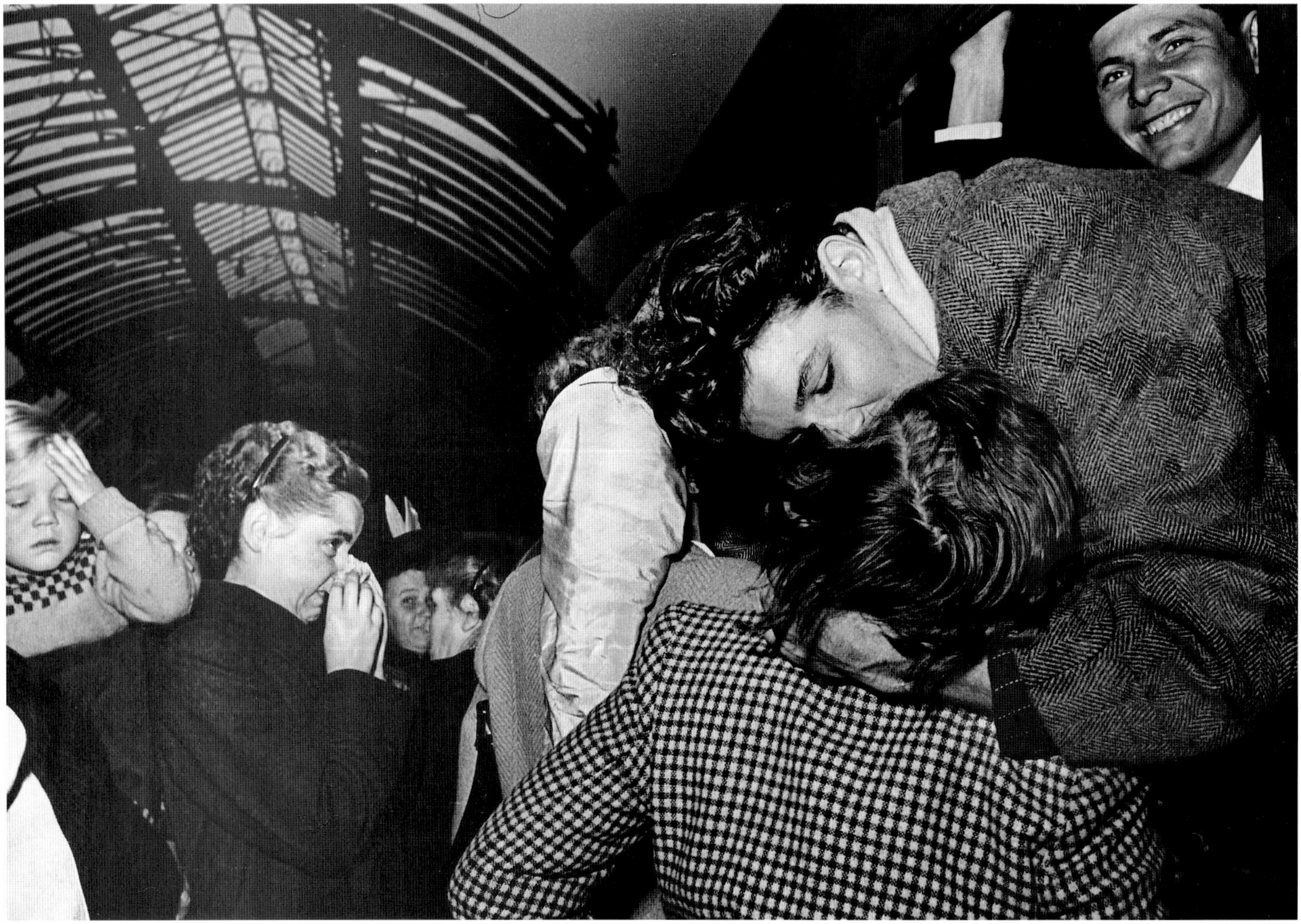

Abschied:
Kanada-Auswanderer
im Karlsruher
Hauptbahnhof.

Heimkehr: Im Jahr 1955 kehrten die letzten deutschen Soldaten aus russischer Kriegsgefangenschaft zurück. Bei dem von seiner Mutter begrüßten Heimkehrer handelt es sich um den Lehrer Hans Waßmer aus Ettlingen.

Kinder auf dem
Landfahrerplatz . . .

. . . und vor einer
Baracke in der
Bannwaldallee.

Dein „Freund und Helfer": Ein Schulschwänzer wird von der Polizei zur Schule gebracht.

Kinder-Trio auf der „Staffel".

Weihnachtsbeihilfe gewährten Rat und Verwaltung allen Bedürftigen in der Stadt.

Im Dachgeschoß:
Solch primitive Unterkünfte waren in den fünfziger Jahren nicht an der Tagesordnung, aber auch keine Seltenheit.
Bei dem offenbar gleichwohl zufriedenen alten Herrn handelt es sich um den damals (1956) 91jährigen Gustav Stegmaier.

Theater – Bambi – KSC

Die entbehrungsreichen Kriegs- und ersten Nachkriegsjahre lösten in den „Fünfzigern" einen kaum stillbaren Hunger nach geistiger Nahrung und kulturellen Werten aus. Das Badische Staatstheater, seit 1950 um ein eigenes Schauspielhaus in der wiederaufgebauten Stadthalle angereichert, mußte zeitweise mehr Kartenwünsche abweisen als befriedigt werden konnten. Neu gegründet wurden die Privatbühnen Die Insel und das Kammertheater. Der Badische Kunstverein in der Waldstraße war anfänglich wie zu einer Redoute der Bildenden Kunst in Karlsruhe geworden. Erst viel später konnten auch die Staatliche Kunsthalle und das Badische Landesmuseum ihre Tore wieder öffnen, letzteres im Mai 1959 im wiederaufgebauten Mittelbau des Schlosses.

Die im Krieg völlig ausgebrannte Badische Landesbibliothek eröffnete als Gast des Generallandesarchivs im Januar 1950 in der Maximilianstraße eine erste provisorische Ausleihe. Über das Tagesgeschehen berichteten in jenen Jahren bis zu fünf Karlsruher oder mit Karlsruher Lokalteilen ausgestattete Zeitungen. Den gerade auch in diesem Gewerbe harten Wettbewerb überlebt haben allerdings nur die – von den Amerikanern im Jahr 1946 lizenzierten – „Badischen Neuesten Nachrichten".

Eine geradezu traumhafte Blütezeit erlebten in den fünfziger Jahren die Karlsruher Lichtspieltheater. In 22 (!) Karlsruher Kinos wurden im Jahr 1956 nicht weniger als 4,5 Millionen Besucher gezählt. Mitbewirkt wurde die Lichtspiel-Hausse von dem Karlsruher Großereignis der Bambi-Preisverleihung, die von 1955 an viele Jahre lang die Filmfans inner- und außerhalb der Stadt in Atem hielt.

Zu den wiedergewonnenen Freuden der fünfziger Jahre gehörten der Fastnachtsumzug, die Karlsruher Mess'; aber auch die Sommer- und Winterschlußverkäufe. Eine völlig neue Dimension des Lebens und Erlebens eröffnete in den „Fünfzigern" das Fernsehen. Zwar dauerte es bis zum Jahr 1954, ehe man in Karlsruhe ein Fernsehgerät kaufen konnte, und Ende 1956 gab es in der Stadt erst 2700 Fernsehteilnehmer. Doch die zunehmende Verbesserung der anfangs schlechten Bildqualität, damals noch ausschließlich schwarz-weiß, und der finanziellen Möglichkeiten vieler Interessenten sorgten gegen Ende der fünfziger Jahre für einen geradezu raketenartigen Anstieg der Zahl an Fernsehteilnehmern.

In den Sommermonaten war wie eh und je Rappenwört Ziel der Sonnenhungrigen und Wasserratten. Noch konnte man in den „Fünfzigern" in den vergleichsweise sauberen Wassern des Rheins und des ehemaligen Altrhein-Naturbekkens schwimmen. Gefeiertster Sportler jener Jahre war der Karlsruher Sprinter Heinz Fütterer, der im Jahre 1954 Europameister über 100 und 200 Meter geworden war. Der Karlsruher Sportclub (KSC) aber, im Jahr 1952 aus der Fusion des FC Phönix mit dem VfB Mühlburg entstanden, begeisterte seine Anhänger im Mai 1955 mit dem Gewinn der deutschen Pokalmeisterschaft. Kurz danach und wie zum Lohn für die gefeierten Karlsruher Fußballer, die übrigens ein Jahr darauf erneut Pokalmeister wurden, dazu auch noch deutscher Vizemeister, wurde im Juli 1955 das neugebaute Wildparkstadion eröffnet, damals eine der modernsten Sportarenen Deutschlands.

Das Zeitalter des Fernsehens hat begonnen. Wie die Älteren folgen auch die Kinder gebannt dem Spektakel auf dem Bildschirm.

Wer die Wahl hat:
Das Angebot an
Fernsehapparaten ist
schon recht beachtlich.

Musikautomaten waren eine weitere Attraktion der fünfziger Jahre.

„Goldener Sonntag" in der Kaiserstraße. Die vier verkaufsoffenen Sonntage in der Vorweihnachtszeit wurden später abgeschafft. Pylonen längs der Straße bildete die damalige Weihnachtsbeleuchtung.

Sommerschlußverkauf.

„Freibad" im Brunnen am Stephanplatz. Bei 35 Grad im Schatten (am 5. 7. 1957) drückten alle Ordnungshüter ein Auge zu.

Am Seil und mit Schwimmbüchse ins nasse Element: Schwimmlehrer Willi Edelmann läßt – zum Gaudium anderer Zöglinge – seine jüngste Schülerin, die vierjährige Astrid, „zu Wasser".

„Nachts zwischen den Hallen", kommentierten die BNN bündig diese Szene, beobachtet am Rande von Fastnachtsbällen in der Schwarzwald- und in der Stadthalle.

„Fort Solo!": Wann immer das Wetter es erlaubte, traf sich – im Sommer 1952 – diese Zego-Runde samt Kiebitzen im Stadtgarten.

Parodie auf die
Wiederaufrüstung.
Szene vom Karlsruher
Fastnachtsumzug im
Februar 1955.

Als „Ölscheich" fuhr Karlsruhes Oberbürgermeister Günther Klotz beim Fastnachtsumzug von 1959 durch die menschengesäumte Kaiserstraße, Anspielung auf die Ansiedlung von zwei Ölraffinerien am Rhein.

Maria Schell am Führerstand eines Großraumwagens. Zum wiederholten Mal hatte die beliebte Filmschauspielerin im März 1958 in Karlsruhe den „Bambipreis" erhalten. Ihr Wunsch, einmal wieder Straßenbahn fahren zu dürfen, wurde erfüllt.

Auf der Karlsruher Mess'. Von diesem traditionellen Vergnügungspark nicht wegzudenken waren noch bis in die sechziger Jahre hinein die Behälter des benachbarten Gaswerks.

Coca-Cola

Im Wildparkstadion.
Seit seiner Eröffnung
im Juli 1955 war das
Stadion Austragungsort
zahlloser Fußball-
und Leichtathletik-
veranstaltungen,
zugleich Magnet für
Zehntausende von
Sportfreunden aus der
gesamten Region.

Das war einmal
Karlsruhes schöner
Rosengarten.
Nach erheblichen
Kriegszerstörungen
wieder instandgesetzt,
war er eine der
vielbesuchten
Attraktionen des
Stadtgartens. Das Aus
kam – ausgerechnet –
zur Bundesgartenschau
im Jahr 1967 . . .